COOL DRAUF

Wenn Herbst und Winter vorbeischlenkern, gibt's endlich wieder was auf die Mützen. Und zwar selbst gestrickt, in coolem Mix aus frechen Farben und kuscheligen Garnen. Ob Beanie, Basic oder Ballon, lässig, sportlich oder ausgeflippt – die Mützen sehen nicht nur stylisch aus, sondern halten auch die Öhrchen warm. Alle Modelle sind einfach nachzuarbeiten. Und wenn's mal schneller gehen soll, tragt eben etwas dicker auf: mit dicken Garnen und breiten Nadeln. Ihr wisst nicht mehr genau, welche Masche ihr wie und wo abzieht? Kein Problem. Hierfür gibt's den Crashkurs Stricken. Der führt euch in die Grundtechniken ein und nimmt auch Einsteiger an die Hand. So seid ihr ganz schnell kopfüber im Trend.

Viel Spaß dabei wünschen euch

Annette Diepolder

Elke Reith

STREIFEN-LOOK

Mütze mit Bändern • Größe ca. 54 cm Kopfumfang • Schwierigkeitsgrad ●●

Material:

- Wolle (100 % Schurwolle, Lauflänge 40 m/50 g) je 100 g in Petrol und Grün
- Stricknadeln Nr. 12
- Nähnadel mit stumpfer Spitze
- Elastic-Gummifaden

Maschenprobe: 9 Maschen und 11 Reihen = 10 x 10 cm.

36 Maschen in Grün anschlagen. In Hin- und Rückreihen arbeiten, dabei *in Grün 1 Reihe linke Maschen und 1 Reihe rechte Maschen stricken. In Petrol 1 Reihe rechte Maschen und 1 Reihe linke Maschen stricken. Ab * 1 x wiederholen. Nun noch in Grün 1 Reihe linke Maschen und 1 Reihe rechte Maschen stricken. Fortlaufend bis zur 64. Reihe wiederholen, anschließend die Maschen abketten.

Bänder: 8 Maschen in Petrol anschlagen. In Hin- und Rückreihen rechte Maschen stricken, nach 60 Reihen die Maschen abketten. Das grüne Band genauso arbeiten.

Ausarbeitung: Die Fäden vernähen und die rückwärtige Mittelnaht schließen. Die obere Mützenkante mithilfe des Gummifadens zusammenziehen, die Bänder dazwischenfassen und zusammen vernähen. Die Bänder nach Wunsch verknoten.

LUST AUF BUNT?

Mütze mit Quasten • Größe ca. 54 cm Kopfumfang • Schwierigkeitsgrad ●

Material:

- Wolle (100 % Schurwolle, Lauflänge 40 m/50 g) 100 g in Orange, Reste in Grün und Lila
- Nadelspiel Nr. 12
- Nähnadel mit stumpfer Spitze

Bündchenmuster: 1 Masche links, 1 Masche rechts im Wechsel stricken, stets wiederholen.

Perlmuster: 1. Runde: 1 rechte Masche, 1 linke Masche im Wechsel stricken.
2. Runde: 1 linke Masche, 1 rechte Masche im Wechsel stricken.

Maschenprobe: 9 Maschen und 11 Reihen = 10 x 10 cm.

48 Maschen anschlagen und zur Runde schließen. 3 Runden in Grün und 2 Runden in Lila im Bündchenmuster stricken. Ab der 6. Runde bis zur 36. Runde im Perlmuster in Orange stricken. Anschließend die Mütze flach aufeinanderlegen und die oberen 24 Maschen abketten und vernähen.

Quasten: Für eine Quaste jeweils 4 Fäden in Lila mit 8 cm Länge zuschneiden, halbieren und mit grüner Wolle umwickeln. Die fertigen Quasten an den oberen Enden festnähen.

WUSCHELKOPF

Zottelmütze mit Ohrenklappen • Größe ca. 54 cm Kopfumfang • Schwierigkeitsgrad ●●●

Material:

- Wollmischgarn (45 % Wolle, 25 % Acryl, 30 % Polyamid, Lauflänge 52 m/50 g) 100 g in Weiß
- Nadelspiel Nr. 8
- Nähnadel mit stumpfer Spitze
- Elastic-Gummifaden
- fester Karton

Maschenprobe: 13 Maschen und 16 Reihen = 10 x 10 cm.

65 Maschen anschlagen und zur Runde schließen. *1 Runde linke Maschen, anschließend 1 Runde rechte Maschen stricken. Ab * 3 x wiederholen, noch 1 Runde linke Maschen stricken. Nun 19 Runden rechte Maschen stricken. *1 Runde linke Maschen stricken, dabei für die Abnahmen 2 Maschen links zusammenstricken, 5 linke Maschen stricken, fortlaufend wiederholen. 1 Runde rechte Maschen stricken. Ab * 6 x wiederholen bis zur 42. Runde. Faden durch die übrigen 18 Maschen durchziehen.

Ohrenklappen: Von der vorderen Mitte 14 Maschen nach rechts abzählen und an der Innenseite der Mütze 14 Maschen aufnehmen. In Hin- und Rückreihen 4 Reihen rechte Maschen stricken. Dann für die Abnahmen jeweils rechts und links 2 Maschen zusammenstricken. In den Rückreihen die Maschen ohne Abnahmen stricken wie sie erscheinen, bis noch 2 Maschen auf der Nadel sind. Die Maschen abketten. Für die zweite Ohrenklappe 14 Maschen von der vorderen Mitte nach links abzählen und an der Innenseite der Mütze 14 Maschen aufnehmen. Gegengleich arbeiten.

Kordel: Für jede Seite aus 4 Fäden eine Kordel drehen. Die fertige Länge beträgt 30 cm. Die Kordel jeweils an einer Ohrenklappenspitze festnähen.

Pompon: Aus Karton 2 runde Kreise von ca. 7 cm Durchmesser mit einem mittigen Loch von ca. 4 cm Durchmesser zuschneiden und aufeinanderlegen. Weiter nach der Anleitung für „Pompons fertigen" auf Umschlagseite E fortfahren. Einen zweiten Pompon arbeiten. Je einen Pompon an eine Kordel nähen.

Ausarbeitung: Den Gummifaden durch die Maschen der ersten beiden Runden der Mütze ziehen, damit der Rand in Form bleibt.

TIME OUT! VOL.1

Anleitungen Seiten 10–13

MACH MAL BLAU

Krempen-Mütze • Größe ca. 56 cm Kopfumfang • Schwierigkeitsgrad ●●

Material:

- Wollmischgarn (50 % Schurwolle, 50 % Acryl, Lauflänge 55 m/50 g) 150 g in Marine
- Nadelspiel Nr. 8
- Nähnadel mit stumpfer Spitze

Schachbrettmuster: *3 Runden 3 Maschen rechts, 3 Maschen links fortlaufend im Wechsel stricken. Anschließend noch 3 Runden 3 Maschen links, 3 Maschen rechts fortlaufend im Wechsel stricken. Ab * fortlaufend wiederholen.

Maschenprobe: 13 Maschen und 14 Reihen = 10 x 10 cm.

Ballonmütze Seite 12

66 Maschen in Marine anschlagen und zur Runde schließen. 14 Runden rechte Maschen stricken. Anschließend 1 Runde linke Maschen, dann 1 Runde rechte Maschen, wieder 1 Runde linke Maschen, dann 6 Runden rechte Maschen stricken. Ab der 24. bis zur 48. Runde im Schachbrettmuster stricken, dabei den Rapport fortlaufend 4 x wiederholen. In der 49. Runde mit den Abnahmen beginnen, dafür 3 rechte Maschen stricken, 2 Maschen links zusammenstricken, 1 linke Masche stricken, stets wiederholen. 1 Runde die Maschen stricken wie sie erscheinen. In der folgenden Runde 3 rechte Maschen, 2 Maschen rechts zusammenstricken, fortlaufend wiederholen. 1 Runde 2 Maschen links zusammenstricken, 1 linke Masche und 1 rechte Masche stricken, stets wiederholen. In der folgenden Runde die Maschen stricken wie sie erscheinen. Anschließend 1 Runde 2 Maschen links zusammenstricken, 1 rechte Masche stricken, fortlaufend wiederholen. Es sind noch 22 Maschen auf der Nadel, nun 2 Maschen links zusammenstricken, 1 rechte Masche stricken, stets wiederholen, bis noch 14 Maschen auf der Nadel sind. Den Faden durch alle restlichen Maschen ziehen. Abschließend den linksgestrickten Umschlag nach außen umschlagen.

COOL DRAUF

Ballon-Mütze • Größe ca. 54 cm Kopfumfang • Schwierigkeitsgrad ●

Material:

- Wolle (100 % Schurwolle, Lauflänge 40 m/ 50 g) 100 g in Grau
- Nadelspiel Nr. 12
- Nähnadel mit stumpfer Spitze

Bündchenmuster: 1 Masche links, 1 Masche rechts im Wechsel stricken, stets wiederholen.

Maschenprobe: 9 Maschen und 11 Reihen = 10 x 10 cm.

48 Maschen anschlagen und zur Runde schließen. 4 Runden im Bündchenmuster stricken. Anschließend *4 Runden linke Maschen, dann 4 Runden rechte Maschen stricken, ab * noch 2 x wiederholen. Für die Abnahmen jeweils 2 linke Maschen stricken, 2 Maschen links zusammenstricken. Fortlaufend wiederholen, bis noch 16 Maschen auf der Nadel sind. Noch 1 Runde rechte Maschen stricken und die restlichen Maschen mit einem Faden zusammenziehen.

MISS SUNSHINE

Baskenmütze • Größe ca. 54 cm Kopfumfang • Schwierigkeitsgrad ●●

Material:

- Wolle (100 % Schurwolle, Lauflänge 40 m/50 g) 100 g in Gelb
- Nadelspiel Nr. 8 und Nr. 12
- Nähnadel mit stumpfer Spitze

Bündchenmuster: 1 Masche links, 1 Masche rechts im Wechsel stricken, stets wiederholen.

Maschenprobe: 9 Maschen und 11 Reihen = 10 x 10 cm.

50 M mit Nadelspiel Nr. 8 anschlagen und zur Runde schließen. 4 Runden im Bündchenmuster stricken. Ab der nächsten Runde mit Nadelspiel Nr. 12 weiterarbeiten und 1 rechte Masche stricken, 1 Masche aus dem Querfaden zwischen 2 Maschen aufnehmen und rechts verschränkt abstricken, 3 rechte Maschen stricken, fortlaufend wiederholen bis 62 Maschen auf der Nadel sind. In den folgenden 3 Runden nur rechte Maschen, in den nächsten 3 Runden nur linke Maschen stricken. 1 Runde rechte Maschen stricken, dabei insgesamt 8 Maschen gleichmäßig zunehmen, 8 rechte Maschen stricken, fortlaufend wiederholen bis 70 Maschen auf der Nadel sind. In den nächsten 3 Runden rechte Maschen stricken. In der folgenden Runde 2 Maschen rechts zusammenstricken, 8 rechte Maschen stricken, fortlaufend wiederholen. 1 Runde stricken, dabei 2 Maschen rechts zusammenstricken, 7 rechte Maschen stricken, fortlaufend wiederholen. In der folgenden Runde 2 Maschen rechts zusammenstricken, 6 rechte Maschen stricken, fortlaufend wiederholen, bis nur noch 7 Maschen auf der Nadel sind. Die restlichen Maschen mit dem Faden zusammenziehen und vernähen.

DOPPELT STARK

Mütze in Rot/Weiß • Größe ca. 56–58 cm Kopfumfang • Schwierigkeitsgrad ●●

Material:

- Wollmischgarn (75% Polyacryl, 25% Schurwolle, Lauflänge 162 m/ 50 g) je 50 g in Rot und Natur
- Stricknadeln Nr. 4,5
- Nähnadel mit stumpfer Spitze

Bündchenmuster: 1 Masche rechts, 1 Masche links im Wechsel stricken, fortlaufend wiederholen.

Grundmuster: Glatt rechts: Hinreihe rechte Maschen, Rückreihe linke Maschen stricken.

Maschenprobe: 18 Maschen und 24 Reihen = 10 x 10 cm.

Je Mützenteil 45 Maschen anschlagen und 9 cm im Bündchenmuster stricken. In der folgenden Reihe gleichmäßig verteilt 5 Maschen zunehmen = 50 M. Im Grundmuster 22 cm stricken, dann alle Maschen abketten. Das zweite Mützenteil ebenso stricken. Nun beide Mützenteile rechts auf rechts seitlich und am oberen Rand zusammennähen.

Pompon: Aus Karton 2 runde Kreise von ca. 7 cm Durchmesser mit einem mittigen Loch von ca. 4 cm Durchmesser zuschneiden und aufeinanderlegen. Weiter nach der Anleitung für „Pompons fertigen" auf Umschlagseite E fortfahren. Einen weiteren Pompon herstellen und beiden Pompons an den Ecken annähen. Den unteren Bündchenrand nach außen umklappen.

CLAZY ONE

K(N)OPFSACHE

Mütze mit Knöpfen • Größe ca. 54 cm Kopfumfang • Schwierigkeitsgrad ●●

Material:

- Wollmischgarn (50 % Schurwolle, 50 % Acryl, Lauflänge 55 m/50 g) 100 g in Lila meliert
- Nadelspiel Nr. 8
- Häkelnadel Nr. 4,5
- Nähnadel mit stumpfer Spitze
- 40 Knöpfe in drei unterschiedlichen Größen in Lila

Bündchenmuster: 1 Masche links, 1 Masche rechts im Wechsel stricken, stets wiederholen.

Grundmuster: 3 Maschen links, 1 Masche rechts stricken, stets wiederholen.

Maschenprobe: 12 Maschen und 18 Reihen = 10 x 10 cm.

61 Maschen anschlagen und zur Runde schließen. 5 Runden im Bündchenmuster stricken. Ab der 6. bis zur 38. Runde im Grundmuster stricken. In der 39. Runde mit den Abnahmen beginnen, dafür 1 rechte Masche stricken, 2 Maschen links zusammenstricken, 1 linke Masche stricken, fortlaufend wiederholen. In den nächsten 2 Runden die Maschen stricken wie sie erscheinen. Nun 1 Runde 1 rechte Masche stricken, 2 Maschen links zusammenstricken, fortlaufend wiederholen. In den nächsten beiden Runden die Maschen stricken wie sie erscheinen. In der folgenden Runde für die Abnahmen 2 Maschen rechts verschränkt zusammenstricken, bis noch 20 Maschen auf der Nadel sind. Nun 1 Runde die Maschen stricken wie sie erscheinen. Anschließend alle Maschen mit einem Faden zusammenziehen und den Faden vernähen.

Ausarbeitung: Rings um das Bündchen die unterschiedlich großen Knöpfe annähen.

Häkelblüte: Für die Häkelblüte 7 Luftmaschen anschlagen und zur Runde schließen. In der nächsten Runde 4 Luftmaschen häkeln und in die 1. Masche der 1. Runde mit 1 festen Masche befestigen. 4 Luftmaschen häkeln, in die 2. Masche der 1. Runde mit 1 festen Masche befestigen. Nach diesem Prinzip noch 6 Luftmaschenbögen häkeln und befestigen. In der nächsten Runde 4 Luftmaschen häkeln und mit 1 festen Masche in der mittleren Masche des 1. Luftmaschenbogens der 2. Runde befestigen. Die nächsten 4 Luftmaschen in der mittleren Masche des 2. Luftmaschenbogens mit 1 festen Luftmasche befestigen. Nach diesem Prinzip noch 6 Luftmaschenbögen arbeiten. Anschließend den Faden vernähen. Die Blüte mit einem Knopf als Blütenmitte seitlich an der Mütze festnähen.

TIME OUT! VOL.2

Anleitungen Seiten 22–25

LILA LAUNE

Zipfelmütze • Größe ca. 56–58 cm Kopfumfang • Schwierigkeitsgrad ●●

Material:

- Wollmischgarn (75% Schurwolle, 25% Polyacryl, Lauflänge 85 m/50 g) 100 g in Lila
- Nadelspiel Nr. 7
- Häkelnadel Nr. 7
- Nähnadel mit stumpfer Spitze

Kraus rechts: In Runden linke Maschen stricken.

Glatt rechts: In Runden rechte Maschen stricken.

Maschenprobe: 14 Maschen und 18 Reihen = 10 x 10 cm.

Ohrenklappen: Mit doppeltem Faden 3 Maschen anschlagen. 1 Reihe rechte Maschen stricken, anschließend in jeder 2. Reihe beidseitig 1 Masche zunehmen bis insgesamt 15 Maschen auf der Nadel sind. Die Maschen stilllegen und die zweite Ohrenklappe genauso arbeiten.

Fliegermütze Seite 24

Mütze: Mit einfachem Faden 4 Maschen anschlagen. Die 15 Maschen der ersten Ohrenklappe auf die Nadeln nehmen und weitere 18 Maschen anschlagen. Die zweite Ohrenklappe mit 15 Maschen auf die Nadeln nehmen und nochmals 4 Maschen anschlagen = 56 Maschen. Zur Runde schließen und für den Bund 4,5 cm kraus rechts stricken. Nun über 2 Runden fortlaufend 2 Maschen rechts, 2 Maschen links im Wechsel stricken. Das Muster in der 3. Runde um 1 Masche nach links versetzen. Nach diesem Schema insgesamt 7 cm stricken, dann glatt rechts weiterarbeiten. In der nächsten Runde 7 Markierungsfäden anbringen, wobei jeweils 8 Maschen zwischen den Markierungen liegen. *3 Runden glatt rechts stricken, in der folgenden Runde nach jeder Markierung 1 Masche abnehmen, ab * noch 5 x wiederholen = 14 Maschen. Weitere 3 cm stricken, dann den Faden abschneiden, durchziehen und vernähen. Zuletzt den Mützenrand mit einer Runde fester Maschen umhäkeln.

AUF UND DAVON

Fliegermütze • Größe 59–60 cm Kopfumfang • Schwierigkeitsgrad ●●

Material:

- Wollmischgarn (50% Merino-Wolle, 50% Polyacryl, Lauflänge 80 m/50 g) 100 g in Braun und 50 g in Kiwi.
- Nadelspiel Nr. 7
- 2 Knöpfe in Braun
- Nähnadel mit stumpfer Spitze

Glatt rechts: In Runden rechte Maschen stricken.

Perlmuster: 1 Masche rechts, 1 Masche links im Wechsel stricken, in der nächsten Runde das Muster versetzen.

Maschenprobe: 11 Maschen und 15 Reihen mit doppeltem Faden = 10 x 10 cm.

Mit doppeltem Faden in Kiwi 64 Maschen anschlagen und zur Runde schließen. 3 cm im Perlmuster stricken. Anschließend glatt rechts in Braun weiterarbeiten. Nach insgesamt 12 cm *8 x 1 Masche abnehmen, 3 Runden ohne Abnahme stricken, ab * noch 3 x wiederholen = 32 Maschen. Nach 22 cm Gesamthöhe einen Faden durch alle Maschen ziehen und vernähen.

Ohrenklappen: Die Mütze anprobieren und die Position für die Ohrenklappen markieren. Für jede Ohrenklappe 12 Maschen in Kiwi aus dem Mützenrand herausstricken und 5 Reihen im Perlmuster stricken. In der 6. und 8. Reihe beidseitig jeweils 1 Masche abnehmen = 8 Maschen. In der 10. Reihe die mittleren beiden Maschen für das Knopfloch abketten. In der 11. Reihe die abgeketteten Maschen wieder anschlagen und die Ohrenklappe in der 12. Reihe beenden. Die zweite Ohrenklappe genauso arbeiten. Anschließend mit doppeltem Faden in Kiwi den Schriftzug „FROSTIG" aufnähen. Die Knöpfe an der Mütze annähen und die Ohrenklappen festknöpfen.

PUDELWOHL

Pudelmütze • Größe ca. 54 cm Kopfumfang • Schwierigkeitsgrad ●●

Material:

- Wolle (100 % Schurwolle, Lauflänge 40 m/50 g) 100 g in Grün, 50 g in Pink
- Nadelspiel Nr. 12
- Nähnadel mit stumpfer Spitze
- fester Karton

Bündchenmuster: 1 Masche links, 1 Masche rechts im Wechsel stricken, stets wiederholen.
Maschenprobe: 9 Maschen und 11 Reihen = 10 x 10 cm.

48 Maschen anschlagen und zur Runde schließen. 4 Runden in Grün im Bündchenmuster stricken. Anschließend 3 Runden rechte Maschen stricken. 5 Runden linke Maschen in Pink, 1 Runde linke Maschen in Grün, 9 rechte Maschen in Grün stricken. Für die Abnahmen in der folgenden Runde 2 Maschen rechts verschränkt zusammenstricken, 5 rechte Maschen stricken, fortlaufend wdh. 1 Runde alle Maschen stricken wie sie erscheinen. Nun in der folgenden Runde 2 Maschen rechts verschränkt zusammenstricken, 4 rechte Maschen stricken. 1 Runde alle Maschen stricken wie sie erscheinen. In der folgenden Runde 2 Maschen rechts verschränkt zusammenstricken, 3 Maschen rechts stricken. 1 Runde alle Maschen stricken wie sie erscheinen. Anschließend wieder 2 Maschen rechts zusammenstricken, 2 Maschen rechts stricken. In der nächsten Runde alle Maschen stricken wie sie erscheinen, dann wieder 2 Maschen rechts zusammenstricken, 1 Masche rechts stricken. Anschließend alle Maschen stricken wie sie erscheinen, insgesamt 5 x wiederholen. Die restlichen 14 Maschen mit einem Faden zusammenziehen.
Ohrenklappen: Von der vorderen Mitte aus 10 Maschen nach rechts abzählen und an der Innenkante 10 Maschen in Pink aufnehmen. In Hin- und Rückreihen 4 Reihen rechte Maschen stricken. Dann jeweils rechts und links 2 Maschen zusammenstricken, dabei die Rückreihen ohne Abnahmen stricken, bis noch 1 Masche auf der Nadel ist. Die Masche abketten. Für die zweite Ohrenklappe 10 Maschen von der vorderen Mitte aus nach links abzählen und an der Innenkante der Mütze 10 Maschen aufnehmen. Gegengleich arbeiten.
Pompon in Pink: Aus Karton 2 runde Kreise von ca. 9 cm Durchmesser mit einem mittigen Loch von ca. 4 cm Durchmesser zuschneiden und aufeinanderlegen. Weiter nach der Anleitung für „Pompons fertigen" auf Umschlagseite E fortfahren. Den Pompon an der Mützenspitze annähen.

KEEP SMILING!

Ballon-Mütze mit Buttons • Größe ca. 56–58 cm Kopfumfang • Schwierigkeitsgrad ●

Material:

- Wollmischgarn (50 % Schurwolle, 50 % Polyacryl, Lauflänge 60 m/100 g) 200 g in Petrol
- Nadelspiel Nr. 10 und Nr. 12
- Nähnadel mit stumpfer Spitze
- verschiedene Buttons

Bündchenmuster: 1 Masche rechts, 1 Masche links im Wechsel stricken, stets wiederholen.

Grundmuster: Glatt rechts, in Runden rechte Maschen stricken.

Maschenprobe: 9 Maschen und 11 Reihen = 10 x 10 cm.

42 Maschen mit dem Nadelspiel Nr. 10 anschlagen und zur Runde schließen. 5 cm im Bündchenmuster stricken. Mit dem Nadelspiel Nr. 12 weiterarbeiten. In der folgenden Runde die Maschen verdoppeln = 84 Maschen. Im Grundmuster weiterstricken bis zu einer Gesamthöhe von 17 cm. Ab jetzt 4 x in jeder 2. Runde gleichmäßig verteilt 12 Maschen abnehmen = 36 Maschen. 2 Runden stricken, dabei nochmals jeweils 12 Maschen abnehmen. Die verbleibenden 12 Maschen mit einem Faden zusammenziehen und vernähen. Verschiedene Buttons an die Mütze stecken.

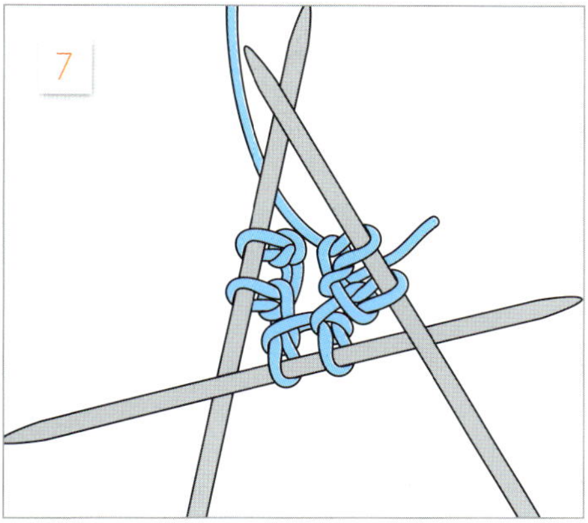

Anschlag in Runden

6 Maschen anschlagen, die Maschen auf 3 Nadeln verteilt zur Runde schließen. Dabei darauf achten, dass die unteren Kanten aller Maschen nach innen weisen und keine Masche verdreht ist. Das Fadenende markiert den Rundenanfang, evtl. zusätzlich mit einem andersfarbigen Faden markieren. Diese Markierung wandert beim Stricken mit nach oben und zeigt an, wo eine Runde abgeschlossen ist.

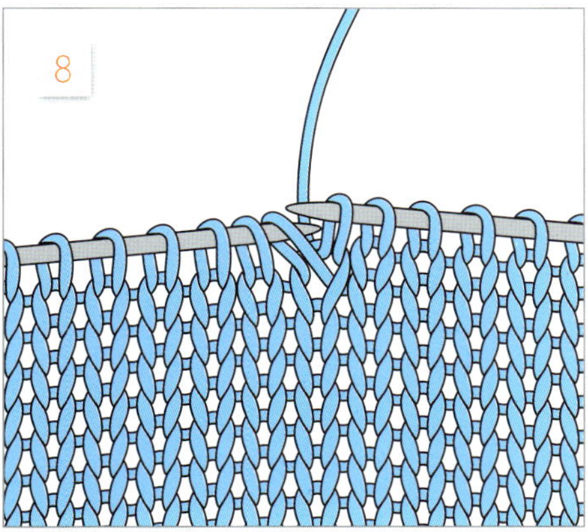

Rechts-Zunahme

Aus 1 Masche insgesamt 2 Maschen herausstricken; und zwar rechts einer Masche: Mit der rechten Nadel in die folgende Masche der darunterliegenden Reihe von vorn nach hinten einstechen und diese Masche rechts abstricken, dabei die darüberliegende Schlinge nicht von der Nadel gleiten lassen. Danach diese Schlinge rechts abstricken.

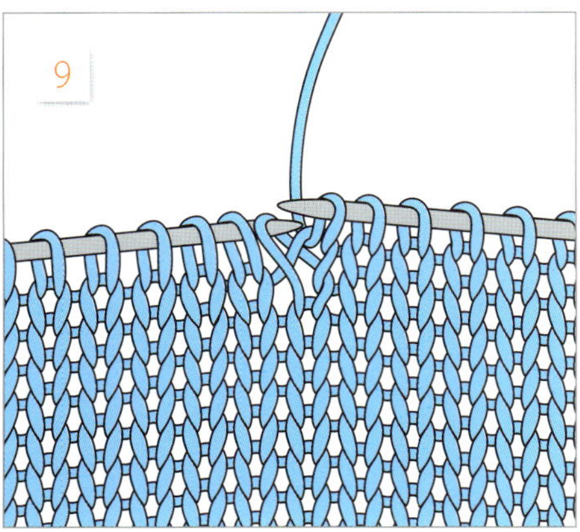

Links-Zunahme

Aus 1 Masche insgesamt 2 Maschen herausstricken; und zwar links einer Masche: 1 Masche rechts stricken, danach mit der linken Nadel die darunterliegende Schlinge der zuletzt gestrickten Masche von hinten nach vorn auffassen und rechts abstricken.

Crashkurs Stricken

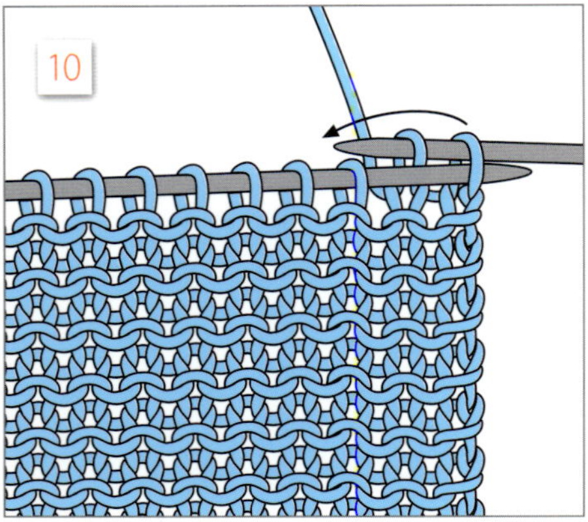

Maschen abketten

Die ersten 2 Maschen stricken. Dann mit der linken Nadel in die 1. Masche stechen, sie über die 2. Masche legen und mit der rechten Nadel die 2. Masche durch die 1. ziehen. Fortlaufend die nächste Masche stricken und die vorhergehende über die gerade gestrickte ziehen.

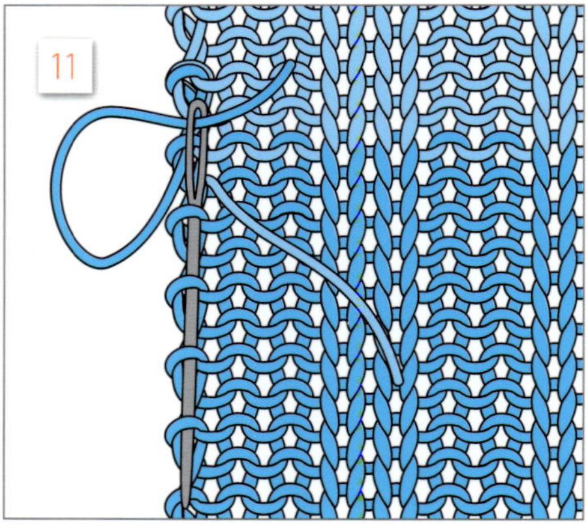

Fäden vernähen

Am Rand einer Strickarbeit die Fadenenden in eine stumpfe Wollnadel fädeln und in die Randmaschen einziehen, dabei einen Faden nach oben, den anderen nach unten ziehen. Bei zusammengenähten Strickteilen die Fäden in die Naht einziehen.

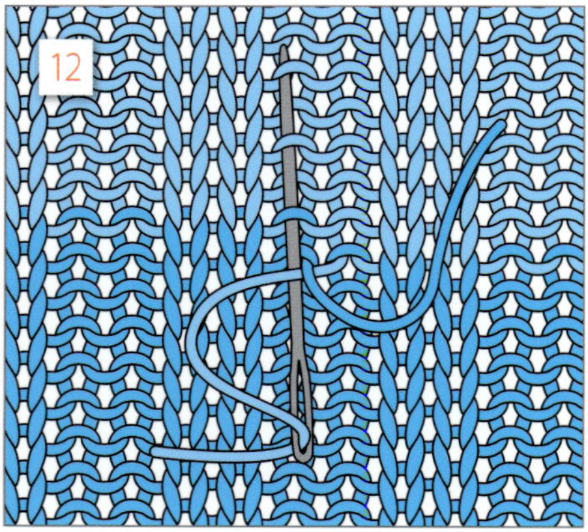

In der Mitte einer Reihe die Fäden auf der Rückseite der Arbeit vernähen. Dabei zunächst durch die danebenliegende Masche stechen, sodass zwischen den Fäden eine Verkreuzung entsteht. Den Faden schräg in die Maschenreihen einziehen, dabei immer nur einen Teil der Maschenglieder erfassen, sodass der Faden von der Vorderseite nicht sichtbar ist.

So oder So

Mütze/Schalkragen • Größe ca. 56–58 cm Kopfumfang • Schwierigkeitsgrad ●

Material:
- Wollmischgarn (56 % Polyacryl, 44 % Schurwolle, Lauflänge 75 m/ 100 g) 100 g in Khaki
- Nadelspiel Nr. 9
- 3 Knöpfe in Weiß
- Nähnadel mit stumpfer Spitze

Bündchenmuster: 1 Masche rechts, 1 Masche links im Wechsel stricken, fortlaufend wiederholen.
Grundmuster: Glatt rechts in Runden rechte Maschen stricken.
Maschenprobe: 9 Maschen und 12 Reihen = 10 x 10 cm.

44 Maschen anschlagen und zur Runde schließen. 7 cm im Bündchenmuster stricken. Anschließend im Wechsel *5 Runden im Grundmuster, 1 Runde linke Maschen stricken, ab * noch 5 x wiederholen. Nach 26 cm Gesamthöhe weitere 5 cm im Bündchenmuster stricken. Nun in gleichmäßigem Abstand am inneren oberen Mützenrand 3 Knöpfe annähen. Zum Schließen der Mützenoberseite jeden Knopf nach links durch eine große Masche ziehen. Den unteren Bündchenrand nach außen umklappen.

Tipp: Werden die Knöpfe geöffnet, kann die Mütze auch als Schalkragen getragen werden.

Impressum

Entwürfe und Realisation: Annette Diepolder, Elke Reith
Redaktion: Franziska Schlesinger
Lektorat: Cosima Kroll
Fotografie: Florian Bilger Fotodesign, Freiburg
Styling: Peggy Kummerow
Lehrgangszeichnungen: Brigitte Fischer
Umschlaggestaltung: Yvonne Rangnitt-Voigt
Satz: GrafikwerkFreiburg
Reproduktion: Meyle + Müller GmbH & Co. KG, Pforzheim
Druck und Verarbeitung: Bilnet Printing, Istanbul

ISBN 978-3-8410-6084-6
Art.-Nr. OZ6084

2. Auflage 2012

Herstellerverzeichnis

- Junghans Wollversand GmbH & Co. KG, www.junghanswolle.de
- Lana Grossa GmbH, www.lanagrossa.de
- Schoeller + Stahl, www.schoeller-und-stahl.de
- Union Knopf GmbH, www.unionknopf.de
- William Prym Holding GmbH, www.prym.de

Alle angegebenen Materialien sind im gut sortierten Fachhandel erhältlich. Das Fachpersonal berät Sie gern und ist Ihnen bei der Auswahl und Zusammenstellung der Garne behilflich.

Kreativ-Service

Sie haben Fragen zu den Büchern und Materialien? Frau Erika Noll ist für Sie da und berät Sie rund um alle Kreativthemen. Rufen Sie an! Wir interessieren uns auch für Ihre eigenen Ideen und Anregungen. Sie erreichen Frau Noll per E-Mail: **mail@kreativ-service.info** oder Tel.: **+49 (0) 5052/91 18 58** Montag–Donnerstag: 9–17 Uhr / Freitag: 9–13 Uhr

Besuchen Sie uns im Internet: **www.christophorus-verlag.de**